AF498005

ORDONNANCE
DU ROI,

Portant Règlement fur la Compofition, la Police & le Service de la compagnie du Prévôt de l'Hôtel & Grand-Prévôt de France.

Du 15 Mars 1778.

DE PAR LE ROI.

Sa MAJESTÉ voulant faire connoître fes intentions fur la Compofition, la Police & le Service de la compagnie de la Prévôté de fon Hôtel; Elle a ordonné & ordonne ce qui fuit :

ARTICLE PREMIER.

La compagnie de la Prévôté de l'Hôtel de Sa Majefté, fera fous le commandement du Prévôt de l'Hôtel & Grand-Prévôt de France; & fa compofition fera, conformément à l'Édit du préfent mois, d'un Lieutenant général d'épée, d'un Major, un Aide-major, quatre Lieutenans, fix Sous-lieutenans,

A

six Brigadiers, six Sous-brigadiers, soixante Gardes, six Gardes furnuméraires-appointés, & un Trompette.

2.

IL y aura en outre un Commiſſaire aux revues de ladite compagnie, un Maréchal-des-logis, un Secrétaire, un Aumônier & un Chirurgien.

3.

TOUS les Officiers feront pourvus par Sa Majeſté, en vertu de proviſions qu'Elle leur fera expédier, ſur la préſentation du Grand-Prévôt, à l'exception du Commiſſaire dont Sa Majeſté ſe réſerve le choix. Les bas Officiers, Gardes, Appointés & Trompette, obtiendront pareillement leurs proviſions ſur la préſentation du Grand-Prévôt.

4.

LA compagnie ſera diviſée en trois brigades, compoſées chacune d'un Lieutenant, deux Sous-lieutenans, deux Brigadiers, deux Sous-brigadiers & vingt Gardes; le plus ancien Lieutenant commandera la première brigade à laquelle ſeront attachés les deux Sous-lieutenans les moins anciens; la ſeconde brigade ſera aux ordres du ſecond Lieutenant, & le troiſième commandera la dernière dans laquelle ſerviront les deux anciens Sous-lieutenans.

5.

L'INTENTION de Sa Majeſté étant qu'il y ait toujours un Lieutenant & deux Gardes de ſervice près la perſonne de M. le Garde des Sceaux; le Lieutenant chargé de ce ſervice, ainſi qu'un Sous-lieutenant qui ſera chargé avec quatre Gardes, de la police des Maiſons royales à Paris, ne ſeront attachés à aucune brigade; & les ſix Gardes à leurs ordres ſeront remplacés dans celles d'où ils auront été tirés par les fix Appointés.

6.

LA première brigade fera placée dans le quartier Notre-Dame de Verfailles, la feconde dans le quartier Saint-Louis, & la troifième dans le nouveau quartier de Clagny; mais en attendant qu'elle puiffe y être établie, elle fera, divifée par moitié, le fervice avec les deux autres; le Lieutenant attaché à celle-ci, remplacera celui qui fera de fervice au château, lorfque lui-même ne devra pas y être employé.

7.

IL fera fait chaque année, au mois d'Avril, une revue d'infpection de la compagnie, par le Grand-Prévôt, qui la fera raffembler à cet effet; & en cas d'empêchement du Grand-Prévôt, cette revue fera faite par le Lieutenant général d'épée. Elle aura pour objet de voir l'effectif des Officiers, bas Officiers, Gardes, Appointés & Trompette, d'examiner leur tenue, ainfi que l'état de leur habillement, équipement & armement; & de donner à cet égard les ordres qu'ils jugeront convenables. Chaque Lieutenant fera une femblable revue de fa brigade tous les quatre mois, les Sous-lieutenans la feront tous les deux mois, chacun à la moitié de la brigade à laquelle il fera attaché; & ce, indé-pendamment des infpections particulières que lefdits Lieu-tenans & Sous-lieutenans jugeront à propos de faire pour le maintien d'une police exacte & de la tenue militaire que Sa Majefté veut être obfervées dans ladite compagnie. Le Trompette ne fonnera qu'à la revue du Grand-Prévôt ou du Lieutenant général d'épée.

A ij

4

8.

OUTRE ces revues, le Major fera affembler chaque brigade, avec l'agrément du Grand-Prévôt, toutes les fois que le bien du fervice lui paroîtra l'exiger, à l'effet, foit des vérifications & examens mentionnés en l'article précédent, foit de faire reconnoître les Officiers nouvellement reçus, foit enfin de prononcer publiquement les peines encourues pour défaut de fervice, mauvaife conduite, négligence dans la tenue ou autres fautes, que Sa Majefté veut & entend être punies de la manière la plus exemplaire.

9.

A l'arrivée des détachemens de la compagnie dans les lieux où Sa Majefté ira faire quelque féjour, le Major en fera pareillement la revue, pour s'affurer fi lefdits détachemens fe trouveront complets & en état de faire le fervice ordinaire pour lequel ils auront été commandés.

10.

AUCUN Officier, bas Officier ou Garde, ne pourra fe difpenfer de fe trouver aux revues ordonnées par les articles précédens; à moins qu'il n'en foit empêché par maladie ou autre caufe légitime, dont il fera tenu de juftifier par un certificat qu'il enverra au Major, lequel en rendra compte au Grand-Prévôt : N'entend cependant, Sa Majefté, qu'un Officier fupérieur à celui de la revue duquel il fera queftion, affifte à cette revue : les Lieutenans ne fe trouveront pas à celles des Sous-lieutenans, ni le Major à celles des Lieutenans; mais lefdits Lieutenans feront à celles du Major, comme les Sous-lieutenans à celles que feront les Lieutenans.

1 1.

VEUT & entend Sa Majesté, que la plus exacte subordination & obéissance aient lieu de l'inférieur au supérieur, suivant l'ordre des grades des Officiers & bas Officiers, tel qu'il est établi par l'article 1.ᵉʳ de la présente Ordonnance; l'intention de Sa Majesté étant que, quiconque refuseroit l'obéissance à son supérieur, en fait de service ou de discipline, soit puni; savoir, les Officiers, des arrêts, en vertu de l'ordre du Grand-Prévôt ou du Lieutenant général d'épée qui le représentera, auxquels il en sera rendu compte; & les bas Officiers & Gardes, de prison, par celui du Major.

1 2.

LES Officiers, bas Officiers & Gardes, ne pourront s'absenter pour plus de huit jours, du lieu où Sa Majesté fera sa résidence, sans un congé par écrit du Grand-Prévôt, qui pourra en accorder chaque année, quatre par brigade, après sa revue seulement, non compris ceux dont le Lieutenant ou l'un des deux Sous - lieutenans pourroient avoir besoin pour leurs affaires; Sa Majesté ne permettant point que deux Officiers de la même brigade, puissent s'absenter en même temps; & tous lesdits congés ne pourront être pour plus de trois mois. Ceux qui les obtiendront, tant les Officiers que les bas Officiers & Gardes, ne jouiront pendant le temps de leur absence, que de la moitié de leurs appointemens & solde; voulant Sa Majesté que l'autre moitié soit réunie à la Masse de l'habillement, & même la totalité, si lesdits Officiers, bas Officiers & Gardes, excédoient d'un jour seulement, le terme de leurs congés ou prolongation d'iceux, sans justifier par certificats authentiques, des maladies ou autres empêchemens légitimes qui ne leur auroient pas permis de rejoindre la compagnie au temps fixé.

13.

A l'égard des permiffions de s'abfenter pour moins de huit jours, que les Officiers, bas Officiers & Gardes, defireront obtenir dans le cours de l'année, elles leur feront accordées s'il y a lieu; favoir, aux Major, Lieutenans & Sous-lieutenans, par le Lieutenant général d'épée, qui en rendra compte au Grand-Prévôt; & aux Brigadiers, Sous-brigadiers & Gardes, par le Major qui en rendra compte audit Lieutenant général d'épée.

14.

IL y aura chaque jour de fervice au logement de Sa Majefté, foit à Verfailles, foit à Compiegne, Fontainebleau ou autre lieu où Elle réfidera, ainfi qu'à l'armée, un Lieutenant, un Sous-lieutenant, un Brigadier ou Sous-brigadier alternativement, & douze Gardes, lefquels feront pris dans les trois brigades, à tour de rôle, quant aux Officiers & bas Officiers; & quant aux Gardes, à raifon de quatre par brigade : lefdits Officiers, bas Officiers & Gardes, monteront en ordre au château, à huit heures du matin en été, & à neuf heures en hiver, & feront relevés le foir à neuf heures en été, & à huit heures en hiver; à l'exception de deux Gardes qui coucheront au corps-de-garde. Le Major dreffera les états des Officiers & Gardes, qui devront être tirés de chaque brigade pour ce fervice, & les fera afficher dans les corps-de-garde defdites brigades; enfuite de quoi il remettra l'état du détachement total au Grand-Prévôt, ou en fon abfence, au Lieutenant général d'épée.

15.

LES Lieutenans & Sous-lieutenans de service au logement de Sa Majesté, ne pourront s'abfenter du château, que pour aller prendre alternativement leurs repas, & l'un des deux fera toujours au corps-de-garde; de même que l'un des deux Brigadiers, un Sous-brigadier & fix Gardes: en forte qu'il ne puiffe y avoir en obfervation dans les galeries, cours ou jardins du château, qu'un Lieutenant ou Sous-lieutenant, un Brigadier, un Sous-brigadier & trois Gardes. Tout le détachement fe raffemblera néanmoins pour prendre fon pofte ordinaire, aux paffages de Sa Majefté & de la Reine, fortant du château ou y rentrant. Les Brigadiers & Sous-brigadiers, ne s'abfenteront qu'alternativement, comme les Officiers, pour aller prendre leurs repas; & les Gardes ne pourront fortir au même effet, que trois à la fois: voulant expreffément Sa Majefté, que le corps-de-garde foit fans ceffe garni, comme il eft dit ci-deffus, d'un Officier, deux bas Officiers & fix Gardes; à quoi le Major fera tenu de veiller exacte-ment, pour en rendre compte au Grand-Prévôt, ou en fon abfence, au Lieutenant général d'épée.

16.

LE fervice de police & fûreté dans la ville où réfidera Sa Majefté, fera fait par le furplus des Officiers, bas Officiers & Gardes des trois brigades, ou du détachement qui marchera lors des voyages de Sa Majefté: il y aura toujours à chaque corps-de-garde de Verfailles, deux Brigadiers, deux Sous-brigadiers & neuf Gardes qui, après l'établiffement du corps-de-garde du quartier de Clagny, feront réduits pour chacun à un Brigadier ou un Sous-brigadier & fix Gardes, lefquels ne feront relevés que toutes les vingt-quatre heures, & ne pourront s'abfenter dudit corps-de-garde, tant de jour que de nuit, que pour les patrouilles, captures & conduites des gens dans le cas d'être arrêtés. Ce fervice fera commandé par le Lieutenant ou le Sous-lieutenant défigné à fon tour par l'état que dreffera le Major, des hommes qui devront être à chacun des trois corps-de-garde, & ledit Lieutenant ou Sous-lieutenant fera tenu de paroître à celui auquel il fera de fervice au moins toutes les deux heures, depuis huit heures du matin jufqu'à onze heures du foir en été, & depuis neuf heures du matin jufqu'à dix heures du foir en hiver, pour favoir fi chacun eft à fon pofte, à l'effet de quoi il fera chaque fois un appel des hommes. Il fe fera en outre rendre compte de ce qui pourra être arrivé dans l'intervalle d'une vifite à l'autre, donnera les ordres convenables & dira toujours où l'on pourra le trouver au befoin, tant le jour que la nuit. L'Aide-major roulera avec les Sous-lieutenans, tant pour ce fervice que pour celui du château.

17.

CHAQUE corps-de-garde de la ville, fournira, tant de jour que de nuit, pour le maintien du bon ordre, une patrouille de quatre hommes commandés par le Brigadier ou le Sous-brigadier de fervice : cette patrouille fera des rondes fréquentes dans les différentes rues, avenues & places de fon quartier; indépendamment defquelles rondes le bas Officier commandant au corps-de-garde fera fortir intermédiairement, les deux Gardes excédant le nombre employé à celles ci-deffus prefcrites, pour obferver ce qui fe paffera, avertir au corps-de-garde, & concourir d'autant plus efficacement à ce que le bon ordre & la tranquillité publique ne foient point troublés. Le Major fe concertera avec l'Officier commandant la garde d'Invalides, pour que les patrouilles de leurs corps-de-garde respectifs sortent à des heures différentes & ne parcourent pas les mêmes lieux. Lesdites patrouilles se prêteront au surplus main-forte & assistance au besoin, pour que force demeure à celle qui aura requis le secours de l'autre.

18.

IL y aura dans chaque corps-de-garde, un registre sur lequel le bas Officier de garde sera tenu d'insérer les heures de sortie de chaque patrouille, celles des rentrées, & ce qui se sera passé dans les rondes qu'elles auront faites ainsi qu'au corps-de-garde; il remettra tous les matins un extrait de ce registre au Major qui le portera aussitôt au Secrétaire d'État ayant le département de la Maison de Sa Majesté, afin qu'Elle puisse être par lui informée de ce qui pourra mériter son attention ; ledit Major informera en même temps le Grand-Prévôt ou le Lieutenant général d'épée, de ce qui se sera passé ; & en cas d'évènemens extraordinaires, il ira lui en faire part sur le champ, & en rendre compte au Secrétaire d'État.

19.

LE Major sera tenu de faire, au moins une fois dans l'espace de vingt-quatre heures, l'inspection de tous les corps-de-garde, tant du château que de la ville, à l'effet de vérifier si le nombre des hommes y est complet, s'ils sont en état de servir & font leur devoir exactement ; il fera relever sur le champ ceux qui pourroient se trouver en faute & les enverra en prison, fera remplacer les absens qui seront punis de la même manière, & rendra compte de ce qui se sera passé, ainsi que de ce qu'il aura ordonné, au Grand - Prévôt ou au Lieutenant général d'épée.

A v

20.

POURRA ledit Major, commander toutes les fois qu'il le jugera nécessaire pour le bien du service, les Officiers & Gardes qui auront été de garde au château pendant le jour pour faire la nuit des rondes extraordinaires ou captures ordonnées.

21.

TOUTE personne arrêtée pour querelle ou tapage, soit de jour ou de nuit, sera conduite au corps-de-garde de la patrouille qui en aura fait la capture : celles qui tiendront par des charges ou emplois à la Maison de Sa Majesté, de la Reine, des Princes & Princesses de la Famille Royale, ou des Princes & Princesses du Sang, seront gardées au corps-de-garde jusqu'à ce qu'elles soient réclamées par leurs Supérieurs qui seront avertis de leur détention par un Garde. Les citoyens de la ville seulement seront remis au corps-de-garde des Invalides du quartier, avec une note signée de l'Officier ou bas Officier de la garde de la Prévôté de l'Hôtel, contenant les noms de ces particuliers & les causes de leur capture. Les patrouilles de la Garde-invalide remettront pareillement aux corps-de-garde de la Prévôté de l'Hôtel, les personnes appartenantes à la Maison du Roi, de la Reine, de la Famille Royale & des Princes & Princesses du Sang & de la suite de la Cour. Les bas Officiers commandant auxdits corps - de - garde, seront tenus de se charger respectivement desdits particuliers & d'en donner leurs reçus ; ceux des corps de-garde de la Prévôté de l'Hôtel, seront remis au Major pour en être par lui rendu compte au Secrétaire d'État ayant le département de la Maison du Roi, ainsi qu'au Grand-Prévôt ou en son absence au Lieutenant général d'épée ; enjoint expressément Sa

Majesté audit Major, de veiller avec la plus grande exactitude
à l'observation de la règle prescrite par le présent article.

2 2.

NE pourront les bas Officiers & Gardes, conduire en prison
les personnes qu'ils auront arrêtées pour fait de Police qu'en
vertu des ordres du Major ou de l'Officier qui commandera
au corps-de-garde ; lesquels Major ou Officier répondront
personnellement desdits ordres ; & dans le cas où il y aura
lieu à un référé, il ne pourra être fait que par-devant le
Lieutenant général de robe-longue du siége de la Prévôté
de l'Hôtel.

2 3.

LE service à la salle des Spectacles, sera commandé par le
Major, un Lieutenant, l'Aide-major & un Sous-lieutenant,
qui auront sous leurs ordres deux Brigadiers ou Sous-brigadiers,
& douze Gardes. Le Lieutenant sera choisi par le Grand-Prévôt
sur les deux de service dans la ville ; & les Sous-lieutenans, bas
Officiers & Gardes, parmi ceux qui seront de repos de ce
même service ou de celui du château. Le Major dressera
chaque jour un état du détachement qui devra être employé
le lendemain à la salle, & il le fera afficher dans les corps-
de-garde de ladite salle & autres de la ville, afin que chacun
des Officiers, bas Officiers & Gardes puisse être instruit de
sa destination.

2 4.

SA MAJESTÉ veut & entend que les Officiers, bas
Officiers & Gardes de service au spectacle, s'emploient,
avec autant de fermeté que de prudence & d'honnêteté, au
maintien du bon ordre & de la tranquillité audit spectacle ;

qu'ils concourent avec vigueur à l'exécution des Ordonnances qu'Elle a rendues à ce sujet.

2 5.

DÉFEND expressément Sa Majesté à tous Officiers, bas Officiers & Gardes, n'étant pas de service au spectacle, de s'y présenter sans payer, à peine contre les Officiers d'être punis des arrêts; & les bas Officiers & Gardes, de prison : enjoint aux Majors & Officiers commandant la garde d'y tenir la main.

2 6.

LE Commissaire de la compagnie en fera la revue de subsistance, le premier de chaque mois, pour servir au payement des appointemens & solde du mois précédent, des Officiers, bas Officiers, Gardes & Trompette, dont aucun de ceux qui ne seront pas lors de service, ne pourra se dispenser de se trouver à cette revue : elle sera faite par appel, d'après le contrôle que tiendra, de la compagnie, ledit Commissaire, lequel marquera sur icelui les présens & absens, avec ou sans congé, ainsi que les époques précises auxquelles les derniers auront cessé d'être présens à la troupe. Il fera également mention, sur lesdits contrôles, des jours auxquels les charges & emplois de la compagnie seront devenus vacans, par mort, démission ou autrement: Et après avoir fait les mêmes opérations dans chacun des corps-de-garde du château & de la ville, où il se transportera à cet effet; il clora sa revue, dont il adressera le lendemain un extrait en forme au Secrétaire d'État ayant le département de la Maison du Roi, & un autre au Trésorier de la compagnie, pour servir au payement des appointemens

& folde des Officiers, bas Officiers, Gardes & Trompette, paffés préfens fur ladite revue.

27.

SERONT réputés préfens, & paffés comme tels fur les revues de fubfiftance, les Officiers, bas Officiers & Gardes, malades ou abfens pour le fervice; à condition que l'une ou l'autre caufe d'abfence fera conftatée, la première par un certificat de Médecin ou Chirurgien, la feconde par un certificat du Major, vifé par le Grand-Prévôt, ou en fon abfence par le Lieutenant général d'épée. Le Commiffaire auquel ces certificats devront être préfentés par le Major le jour de fa revue, le joindra à l'extrait qu'il adreffera de ladite revue au Secrétaire d'État ayant le département de la Maifon du Roi: il joindra pareillement audit extrait, les extraits mortuaires des Officiers, bas Officiers, Gardes ou autres, dont les charges ou emplois feront devenus vacans par mort, afin que ces pièces fervent à en conftater les époques.

28.

DISPENSE, Sa Majefté, le Maréchal-des-logis, le Tréforier, le Secrétaire, l'Aumônier & le Chirurgien, de fe trouver auxdites revues, pourvu qu'ils fe préfentent le premier de chaque mois au Commiffaire, munis de leurs provifions ou brevets, pour conftater leur exiftence dans la compagnie.

29.

LE contrôle du Commiffaire, fera par lui renvoyé à la fin de chaque année, au Secrétaire d'État ayant le département de la Maifon du Roi, pour qu'il puiffe faire vérifier fi les extraits dudit contrôle y font conformes; dreffer le rôle de la compagnie, & expédier en conféquence l'ordonnance de fa folde pour l'année entière.

30.

ET attendu que les payemens faits chaque mois par le Tréforier de ladite compagnie, n'auront pu avoir lieu que d'après des doubles des mêmes extraits de revue ci-deffus mentionnés; défend Sa Majefté de paffer & allouer audit Tréforier, par ordonnance de fupplément ou autrement, autres ni plus fortes fommes que celles comprifes en l'ordonnance de folde, quand même il auroit payé au-delà.

31.

VEUT Sa Majefté, qu'il foit tous les ans remis par le Grand-Prévôt, au Secrétaire d'État ayant le département de la Maifon de Sa Majefté, le rôle complet de fa compagnie, pour être, ledit rôle, envoyé par ledit Secrétaire d'État à la Cour des Aides, pour y être enregiftré avec les autres états de fadite Maifon.

32.

L'INTENTION de Sa Majefté étant d'établir la meilleure tenue dans la compagnie des Gardes de la Prévôté de l'Hôtel, Elle veut & entend qu'indépendamment de la fomme qu'Elle fera remettre annuellement des deniers de fon Tréfor royal, au Tréforier pour le fonds de la Maffe d'habillement, il foit fait chaque année par ledit Tréforier, une retenue de cinquante livres, à raifon de quatre livres trois fous quatre deniers par mois à chaque Brigadier, Sous-brigadier & Garde, pour être les fommes provenant de cette retenue, jointes à celle fufdite, & former la Maffe totale de l'habillement.

33.

I L fera annuellement prélevé fur cette Maffe, une fomme de mille quatre-vingts livres, pour être diftribuée aux fix Gardes-appointés, à raifon de dix fous par jour chacun pour tout traitement, en attendant qu'ils montent aux charges de Gardes qui viendront à vaquer, s'ils en font fufceptibles par leurs fervices militaires, leur bonne conduite & le zèle qu'ils auront montré dans l'exercice de leurs fonctions : lefdits Appointés feront de plus habillés chaque année du petit uniforme de la compagnie, & équipés comme les Gardes en charge.

34.

L E grand uniforme confiftera pour les Gardes de la compagnie de la Prévôté de l'Hôtel, en un habit façonné à l'ordinaire, de drap d'Elbeuf bleu, paremens & doublure d'écarlate, bordé en plein d'un galon d'or de la largeur de vingt lignes, garni de brandebourgs d'un galon femblable fur le devant & aux poches; & en outre, galonné de même fur toutes les coutures : la vefte fera de drap écarlate doublée de blanc, & bordée d'un galon d'or pareil à celui de l'habit; les boutons, grands & petits, feront de cuivre doré, portant deux épées en fautoir, traverfées d'une maffue : la culotte & les bas écarlate.

Le chapeau fera bordé d'un galon d'or de vingt lignes de large, & garni d'une cocarde de bafin blanc.

Les Gardes porteront par-deffus l'habit une bandoulière à fond d'or & de foie écarlate, diftribués par carreaux,

pareillement bordée d'un galon d'or; & le ceinturon, qui
fera porté fur la vefte, fera bordé d'un galon d'or, & orné
fur le devant d'une plaque dorée, portant deux épées en
fautoir traverfées d'une maffue.

La diftinction pour les Sous-brigadiers, fera d'un fecond
galon à crête, d'un côté feulement, fur le parement; &
pour les Brigadiers, ce fecond galon fera à double crête.

Les Officiers porteront pour grand uniforme, dans les
cérémonies, un habit dans les mêmes couleurs: il fera de
drap fin galonné fur toutes les tailles, ainfi que la vefte
d'écarlate, d'un galon d'or dentelé, de la largeur de vingt
lignes; & pour le fervice du château, il fera feulement
brodé en or fur le devant, les poches & les paremens:
la vefte de drap écarlate fera pareillement brodée, & la
broderie fera conforme au deffin qui fera remis aufdits
Officiers: les boutons feront femblables à ceux des Gardes;
la culotte de drap écarlate & les bas blancs.

Le Commiffaire de la compagnie, portera le même uniforme
que les Officiers; à l'exception que la broderie fera du deffin
réglé pour les Commiffaires ordinaires des guerres.

Le grand uniforme ne fera jamais porté que pour le fervice
du château & les cérémonies publiques. Il fera renouvelé tous
les trois ans pour les bas Officiers & Gardes.

3 5.

Le petit uniforme fera en habit de drap de Berry bleu teint
en laine, revers de même couleur, doublé, ainfi que l'habit,
de ferge rouge qui débordera les revers en forme de paffe-poil;
collet montant de drap écarlate, paremens de même couleur,
lefquels feront ouverts fur le côté & fe fermeront ainfi que

le furplus de l'ouverture prolongée à l'avant-bras, par quatre petits boutons; les poches ne feront que figurées fur l'habit par les pattes autour defquelles paroîtra la doublure en paffe-poil écarlate, & elles s'ouvriront en deffous. Les revers feront garnis de petits boutons & il y en aura trois gros au-deffous, deux aux hanches & quatre dans les plis, les uns & les autres comme ceux du grand uniforme.

La vefte fera de drap écarlate, la culotte de panne de même couleur, & les bas Officiers & Gardes porteront toujours, avec le petit uniforme des guêtres noires & man-chettes de bottes de toile blanche. Le col fera blanc.

Le chapeau uni avec petit bouton uniforme & cocarde de bafin blanc; les cheveux feront liés en queue & frifés aux faces par une feule boucle.

Le ceinturon de buffle, fans galon & garni d'une plaque femblable à celle du ceinturon du grand uniforme, fera de même porté fur la vefte; & les bas Officiers & Gardes, porteront auffi au lieu de la bandoulière, qui ne fera mife qu'avec le grand uniforme, une giberne percée pour huit cartouches, ornée d'une plaque aux mêmes attributs que celle du ceinturon, & foutenue par une courroie de buffle blanchi, de trente lignes de large.

La diftinction des Sous-brigadiers, fera d'un galon d'or de dix lignes de large fur les paremens, les Brigadiers en porteront deux; l'épaulette des uns & des autres, fera en drap bleu avec un paffe-poil d'or; & celle des Gardes aura feulement un paffe-poil écarlate. Le petit uniforme fera renouvelé chaque année, pour la revue du Prévôt de l'Hôtel & Grand-Prévôt de France.

Les Officiers porteront, hors le fervice du château & les

cérémonies, le même petit uniforme en drap fin; il sera fait de la même manière prescrite ci-dessus, & Sa Majesté leur défend expressément d'y rien changer. Leurs distinctions, tant sur ce petit uniforme que sur le grand, ne consisteront que dans les épaulettes attribuées aux grades militaires, que Sa Majesté a bien voulu leur accorder par son Ordonnance du 9 de ce mois.

36.

LES Brigadiers, Sous-brigadiers & Gardes, seront armés d'un mousqueton, une baïonnette & une épée, le tout uniforme : les Officiers ne porteront que l'épée & le bâton de commandement. Leur enjoint Sa Majesté, & spécialement au Major, de faire entretenir avec le plus grand soin, ledit armement, ainsi que l'habillement, dont Elle entend au surplus que les frais d'entretien soient à la charge des bas Officiers & Gardes.

MANDE & ordonne Sa Majesté, au sieur Louis de Bouchet, Marquis de Sourches, Comte de Montsoreau, Chevalier de ses Ordres, Lieutenant général de ses armées, Gouverneur de Bergues, Conseiller d'État, Prévôt de l'Hôtel de Sa Majesté & Grand-Prévôt de France, de tenir la main à l'exécution de la présente Ordonnance ; & à tous les Officiers, bas Officiers & Gardes de ladite compagnie, qu'ils aient à s'y conformer, & à la suivre & observer, chacun en droit soi, selon sa forme & teneur. FAIT à Versailles le quinzième jour de mars mil sept cent soixante - dix - huit. *Signé* LOUIS. *Et plus bas*, AMELOT.

9 782329 612904